EXAMEN DU SYSTÈME SOCIAL

de Karl Marx

EXAMEN

DU

SYSTÈME SOCIAL

de Karl Marx

Fondateur de l'Internationale

PAR

E. MARTINEAU, Juge,

Membre de la Société d'Economie politique de Paris.

NIORT

TYPOGRAPHIE DE L. FAVRE

1882

Examen du Système Social de Karl Marx

Fondateur de l'Internationale

Messieurs,

Je me propose d'examiner et de discuter le système social de Karl Marx, le célèbre fondateur de l'Internationale. Pour montrer l'utilité d'une telle étude, qu'il me suffise de faire remarquer que le livre où se trouve exposée la doctrine du maître, le livre *Das Kapital*, vulgarisé par la presse dans les feuilles populaires, est devenu comme le catéchisme des ouvriers allemands ; que les élections dernières au Reichstag ont montré quels développements cette opinion a pris en Allemagne ; qu'enfin ce système de Marx sur le capital est la base de toutes les théories qui concluent à la refonte et à la reconstitution intégrale de la Société, depuis le Collectivisme français jusqu'au Nihilisme russe.

L'idée générale qui domine l'œuvre de Marx, est celle d'un antagonisme entre les deux grands facteurs de la production des Richesses, le Capital et le Travail ; c'est-à-dire qu'il conclut forcément à la lutte entre les ouvriers et les patrons, à l'effet de briser le joug de l'infâme Capital et de fonder le règne du Quatrième Etat, de l'Etat ouvrier.

Examinons donc froidement, analysons avec soin ce système, pour savoir s'il est fondé, s'il y a réellement, comme on le soutient, antagonisme entre le Capital et le Travail.

Et d'abord, il y a une première observation importante à faire. Marx, à l'exemple de la plupart des socialistes, n'admet pas le libre arbitre individuel ou social : pour lui, les sociétés obéissent à un *processus* de forces fatales ; l'homme est un être qui subit comme tous les autres l'action de forces irrésistibles, il n'a ni liberté ni responsabilité. Dès lors, on peut se demander pourquoi et dans quel but il a écrit son livre ? S'il eût voulu simplement exposer et constater la nature des choses, faire une œuvre de physiologie sociale, il n'y aurait rien à dire, et la critique devrait se taire ; mais il prétend faire œuvre de propagande et hâter l'heure du triomphe du parti Ouvrier : comment peut-il concilier cette prétention avec sa théorie du fatalisme des forces sociales, et que tout serait écrit d'avance dans le livre du Destin ? Il y a là, dès le seuil même de notre examen, un illogisme étrange, une inconséquence certaine à relever.

Mais avançons et arrivons maintenant à l'exposé du système. Ce système peut se résumer ainsi : « Le Travail seul est la mesure réelle de la valeur des marchandises, et la richesse des Sociétés, dans lesquelles règne le mode de production capitaliste, apparaît comme une immense accumulation de marchandises. »

Voici maintenant comment naît le Capital : « Celui qui doit devenir capitaliste se présente sur le marché des marchandises avec de l'argent. D'abord il achète des instruments de travail, des machines, des matières premières ; puis, pour les mettre en œuvre, le travail de l'ouvrier, la source unique de toute valeur. Ensuite, il met l'ouvrier à la besogne, lui fait transformer, à l'aide des outils et des machines, les matières premières en produits fabriqués, et vend ensuite ces produits avec un profit sur la fabrication. Ainsi il obtient une valeur plus grande, une plus-value. L'argent reparaît sous sa forme primitive, il a fait des petits, le Capital est né.

« Comment s'expliquer cette formation du Capital ? L'explication est la suivante : L'employeur paie au travail sa valeur d'échange pour en obtenir le service utile ; or, cette valeur du travail est équivalente à ses frais de production, et les frais de production sont ce qu'il faut de vivres et de provisions pour l'entretien de l'ouvrier et de sa famille. La valeur de toutes ces provisions se mesure par le temps qu'il faut pour les produire, et cinq à six heures suffisent à cet effet ; si donc l'ouvrier travaillait pour lui-même, il se procurerait les choses nécessaires à son entretien par un travail d'une demi-journée, et le reste du temps il se donnerait du loisir ou du surplus ; mais l'esclave antique, le serf du moyen âge, en conquérant la liberté, n'a pas encore conquis, dans notre société moderne, la propriété des instruments de travail. Il est donc forcé de louer ses services aux possesseurs de la terre et des autres instruments de production, en sorte qu'au-delà du travail nécessaire des six heures il produit de la plus-value au profit de l'employeur ; ainsi il échange le travail de douze heures par jour contre le produit de six heures. Le patron met donc dans sa poche, comme profit net, le produit du travail des six heures au-delà du travail nécessaire. De ce surplus ainsi empoché, naît le Capital.

« Toute plus-value, sous quelque forme qu'elle se présente, intérêt, rente, profit, n'est donc que la matérialisation d'une certaine durée de travail non payé. Par lui-même le Capital est inerte, c'est du travail cristallisé, travail mort qui ne peut se revivifier qu'en suçant, comme le Vampire, du travail vivant et qui vit et s'engraisse d'autant plus vigoureusement qu'il en absorbe davantage. »

Tel est, résumé aussi fidèlement que possible, ce célèbre système sur la formation du Capital. Quand on l'examine avec soin, la première chose qui frappe l'œil de l'observateur, c'est une lacune étrange, une omission inexplicable de la part d'un publiciste qui a la prétention, d'une modestie douteuse, « d'être armé de toute la science de son temps. »

Le futur capitaliste se présente, dit Marx, sur le marché avec de l'argent : c'est fort bien, mais cet argent, quelle en est l'origine et d'où provient-il ? Voilà ce que Marx a oublié de nous dire ; il suppose sans doute qu'il est tombé dans la bourse de notre futur capitaliste, comme les alouettes tombent toutes rôties dans la bouche des habitants privilégiés du légendaire pays de Cocagne !

Il y a là une omission peu scientifique, et quand on a la prétention de reconstituer la Société sur des bases nouvelles, il faudrait d'abord commencer par discuter sérieusement les choses sérieuses ; or, le langage de Marx indique une ignorance singulière des choses les plus élémentaires, une pitoyable méprise sur le rôle de l'argent et sa fonction dans la Société économique.

L'argent, la monnaie pour parler d'une façon plus générale, est l'instrument de l'échange ; sa fonction consiste uniquement à faciliter l'échange des autres valeurs, de l'ensemble des produits servant à la satisfaction des besoins des hommes. Loin qu'il constitue toute la richesse, il n'en forme qu'une très minime partie, et à mesure que le progrès augmente, les peuples tendent à diminuer la quantité du numéraire au moyen des papiers de crédit et des virements entre les commerçants. Le rôle de la monnaie ainsi établi, il s'ensuit que quand on discute les questions économiques, il y a lieu d'en faire abstraction provisoirement pour ne s'occuper que des produits qui font le véritable objet de l'échange.

Il faut donc rectifier ainsi la proposition de Marx : Celui qui se présente avec de l'argent ne peut avoir cet argent qu'à la condition de se l'être procuré en donnant autre chose en échange, car l'argent est lui-même un produit dont la valeur se compose des frais d'extraction et de transport qu'il a coûtés ; payer avec de l'argent, c'est donc au fond payer avec des produits ; et l'échange de l'argent contre des outils et des matières premières sur le marché, est un échange de valeurs équivalentes appréciées et discutées entre les contractants.

Et ce n'est pas tout : Marx soutient que le travail de l'ouvrier est la source unique de toute valeur ; mais apparemment l'argent est le produit du travail d'un grand nombre d'ouvriers : il a fallu travailler pour l'extraire de la mine, pour le fabriquer comme métal monnayé, après l'avoir transporté jusqu'en France ou en Allemagne, et c'est de l'ensemble de ces travaux que se compose sa valeur ; lorsque l'ouvrier reçoit de l'argent, il échange donc son travail contre du travail, et il importe peu que ce soit du travail ancien qui s'échange ainsi contre son travail actuel.

Il y a lieu, d'ailleurs, de noter ici une nouvelle erreur de Marx : par un vice de langage qui semble être une grossière flatterie à l'adresse des classes ouvrières, il signale le travail de l'ouvrier comme la source unique de la valeur ; mais pourquoi donc les travaux de l'industriel, du savant, de l'entrepreneur, du directeur de l'usine, ne seraient-ils pas des travaux productifs de valeur ? Est-ce que tous ces travailleurs ne remplissent pas une fonction utile qui leur donne droit à une rémunération ?

Le mot travail a, dans la langue de Marx, une acception beaucoup trop restreinte ; le travail, au sens exact du mot, c'est l'application des facultés de l'homme, aussi bien de ses facultés intellectuelles que de ses facultés physiques, à la satisfaction de ses besoins.

Si l'homme à l'argent, pour parler comme Marx, trouve à acheter des machines et des matières premières, c'est donc, nous le savons maintenant, parce qu'il donne au propriétaire des machines une valeur produite par son travail équivalente à la valeur des dites machines ; c'est-à-dire que ces machines, l'acheteur les paie avec son travail.

Ainsi nous sommes fondés à dire que le Capital représente du travail. En effet, allant au fond des choses, il faut remarquer que le Capital d'une nation se compose de trois éléments : des provisions, blé, viande, etc., des matières premières, et enfin des instruments de travail ; or, qui oserait soutenir que le Capital se forme spontanément comme les champignons croissent dans les champs ? N'est-il pas clair comme le jour que le blé, la viande, les matériaux, les charrues, les scies, les marteaux, etc., ont coûté du travail, et même des quantités énormes de travail, surtout si l'on se reporte à la création des premiers capitaux, car l'imagination de l'homme moderne a peine à se représenter ce qu'il a fallu de peine, par exemple, pour forger la première enclume et le premier marteau.

Le Capital est donc du travail ancien, et sa fonction est de féconder le travail actuel ; sa productivité résulte de ce qu'il fait concourir la nature, dont la collaboration est gratuite, à l'œuvre de la production ; il est bien certain, par exemple, que le travail actuel obtient plus de résultats, grâce aux marteaux, aux enclumes, aux provisions de toutes sortes, que s'il n'y avait ni enclumes, ni marteaux, ni provisions ; le Capital qui est du travail ancien productif a donc droit à être payé comme le travail actuel, et sa rémunération s'opère par l'intérêt, par la rente, par le fermage, c'est-à-dire par un salaire réparti de la manière la plus ingénieuse sur un nombre indéfini de consommateurs.

En quoi donc y a-t-il une tyrannie quelconque dans un partage des produits entre le Capital et le Travail? Puisque le Capital est associé au travail dans toute espèce de production, puisqu'il est démontré qu'il féconde le travail actuel et accroît la masse des produits à partager, est-ce qu'il n'est pas de toute justice qu'il prenne une certaine portion de ces produits ?

« Mais, objecte Marx, vous oubliez la *loi d'airain* du salaire: le salaire de l'ouvrier ne dépasse pas ses frais de production, et ces frais s'évaluent par le travail nécessaire pour produire ce qui doit entretenir l'ouvrier et sa famille; or, comme six heures au plus suffisent à cet effet, le nombre d'heures de travail supplémentaires est forcément consacré à produire de la plus-value au profit du maître, et c'est en cela que consiste l'exploitation du travail par le Capital. »

Cette objection est-elle bien sérieuse, et que penser d'un système qui aboutit, de l'aveu même de Marx, à ce bizarre et commode moyen de s'enrichir: employer le plus possible d'ouvriers, pour arriver à une plus-value de plus en plus considérable de profit. Pour juger cette théorie, nous allons la mettre à l'épreuve des faits et de la pratique, en exposant ce que nous appelons la loi vraie de la répartition des produits entre le Capital et le Travail, loi basée sur des faits que nous analyserons bientôt (1).

(1) Pour l'intelligence de cette loi, il faut remarquer que le salaire est la part, sous forme d'argent, du Travail actuel, part devenue fixe par suite d'un traité à forfait avec le Capital.

Cette loi de répartition se formule ainsi : A mesure que le Capital augmente, sa part absolue dans les produits augmente, mais sa part relative diminue ; la part du travail, au contraire, augmente à la fois dans les deux sens, et au point de vue absolu et au point de vue relatif. C'est-à-dire, en prenant un exemple, si nous supposons les produits totaux égaux à 10,000 à une certaine époque, en admettant que le Capital prélève 5,000 et le Travail 5,000, — si, à une seconde époque, les produits s'élèvent à 20,000, le Capital ne prélèvera que 8,000, alors que le Travail prendra 12,000, — et ainsi de suite, dans des proportions analogues, de telle sorte que la part du Travail est toujours augmentée dans les deux sens, alors que celle du Capital n'augmente qu'au point de vue absolu.

Si cette loi est vraie, elle renverse totalement le système de Marx et les systèmes analogues, car elle montre que dans la répartition entre le Capital et le Travail des produits de leur association, c'est le Travail qui a la part la meilleure, la part du lion, de sorte que sa prétendue loi d'airain du salaire ne serait qu'une illusion. Or, rien n'est plus facile que de faire cette démonstration. Il nous faut, à cet effet, prouver deux choses : 1° Que la part proportionnelle du Capital diminue avec l'accroissement des capitaux ; 2° que sa part absolue augmente.

1° A mesure que le Capital s'accroît, sa part proportionnelle diminue. En d'autres termes, l'accroissement des capitaux amène la baisse de l'intérêt, — (à cet effet, il faut remarquer que l'intérêt du Capital ne se manifeste pas seulement dans les prêts d'argent, mais qu'il entre dans le prix des produits de toute sorte, — ce qui revient à dire que l'intérêt est la partie du prix qui rémunère l'œuvre du Capital dans la production). Or, cette baisse de l'intérêt est un fait évident, qui crève les yeux. Ainsi, depuis l'antiquité, où l'intérêt était très élevé à cause de la rareté des capitaux, l'intérêt a baissé constamment avec les progrès de la Richesse et de la Civilisation. C'est ainsi que l'intérêt est à 4 0/0 en France, à 3 en Angleterre, à 2 en Hollande, ce qui veut dire que sa part relative diminue de plus en plus, et que le prélèvement à son profit étant moindre, la part proportionnelle du Travail s'accroît chaque jour davantage. Les Socialistes ne sauraient nier ce point, car ils le signalent eux-mêmes ; c'est précisément sur cette baisse de l'intérêt que s'appuyait Proudhon pour prêcher la doctrine de la Gratuité du Crédit ; il disait : « Puisque l'intérêt baisse de plus en plus, il arrivera un moment où il sera réduit à zéro, établissons donc la Gratuité et nous supprimerons la transition, arrivant ainsi immédiatement à la perfection. » Ce n'est pas ici le lieu de discuter le système de Proudhon, nous ne l'avons cité que pour démontrer notre proposition, et cette démonstration est maintenant établie.

Reste la seconde proposition : La part absolue du Capital augmente avec l'accroissement des capitaux. En d'autres termes, un homme a plus de rentes avec un capital de 200,000 fr. à 4 p. 0/0, qu'avec un capital de 100,000 fr. à 5 p. 0/0 ; par suite, si avec l'accroissement du capital de 100 à 200, l'intérêt baisse de 5 à 4, la part absolue monte de 5 à 8, puisque les revenus de 5,000 montent à 8,000 francs. Autrement, si la part absolue baissait comme la part relative, si on n'avait, par exemple, que 4,000 fr. de rente avec 200,000 fr. de capital, alors que l'on avait 5,000 fr. avec 100,000 fr. de capital, rien ne serait plus facile et en même temps plus agréable que d'accroître dans ce cas ses revenus, il suffirait de manger une partie du fonds et de descendre de 200,000 à 100,000. Or, ce qui arrive à un particulier est vrai aussi pour les peuples qui ne sont pas autre chose que des collections d'individus.

Notre preuve est donc faite, notre loi est démontrée, et démontrée non avec des hypothèses, mais avec des faits certains, précis, indiscutables, admis par les Socialistes eux-mêmes ; il suffit de comprendre que l'accroissement des Capitaux accroît la masse des produits à partager, comme nous l'avons établi, pour arriver à remarquer que, dans le partage entre les deux grands facteurs de la production, c'est le Travail qui a la meilleure part, la part du lion.

Oui, les faits crèvent les yeux qui déposent en faveur de notre doctrine ; que reste-t-il donc alors du système de Marx ? Qu'est-ce que cette prétendue loi d'airain du salaire, cette tyrannie insolente du Capital représenté comme un Vampire qui suce le sang des travailleurs ? Rien que des déclamations vaines et vides : *sunt verba et voces*. Malheureusement nous ne pouvons ajouter... *et prætereà nihil*, car il en sort des malentendus funestes, des germes d'irritation entre deux classes qui ont des intérêts absolument de même nature, puisque le Capital n'est pas autre chose que du Travail.

Que faut-il donc pour faire cesser ce détestable antagonisme, antagonisme qui n'est basé que sur une erreur certaine et démontrée ? Rien autre chose que vulgariser les vérités de l'Economie politique : il faut que les sociétés modernes étudient les lois naturelles, les rapports nécessaires qui, d'après la définition admirable de Montesquieu, résultent de la nature des choses ; c'est une nécessité qui s'impose à nos temps actuels, époques critiques et de rénovation. Sans cela, si la lumière n'est pas faite, si elle n'éclaire pas les couches profondes de la Société, alors des désordres graves bientôt devront surgir, et la civilisation moderne périra dans d'effroyables convulsions, sous le flot d'une nouvelle invasion de barbares.

Niort. — Typographie de L. FAVRE.